JN410669

할미꽃 모란꽃 해당화 피다

삼인삼색

조경희
허성숙
구자옥

할미꽃
모란꽃
해당화
피다

삼인삼색

세종출판사

들며

각인삼색

할미꽃, 모란꽃, 해당화
수평적 친구가 되었습니다.
십오 년 추억은 백오십 년 치 저축했습니다.

베트남 푸미흥 살아보기 긴 여행길에 올라 단 한 번 투정 없는 다시는 없을 소중한 자매 사랑 쌓았습니다. 열정 가득한 큰언니 순둥이 막내 그리고 나 피 섞이지 않은 세 자매,
삼색 인연 모여 시 쓰고, 장 담그고, 비단에 물들이고, 들에서 쑥 캐고, 정원에 꽃 심고, 차담으로 나눔하고, 꽃 이야기 해를 불렸습니다.
어느새 십 수 년 어울리지 않을 것 같은 하모니 각인각색 살아가지만 만나면 한 몸 되어 시간 가는 줄 몰랐습니다. 함께 한 시간 둘러보고 나눈 서초당, 화목정, 궁근정에서 쌓고 만들어 낸 화담, 차담, 시담으로 글 꽃 피웁니다.

- 24년 초겨울 저자

차례

조경희

허성숙

구자옥

할미꽃

작가의 말

마흔넷 푸른 시절의 아픔을 귀담아 들어주고
시로 승화시키라며 힘을 실어준 목단 꽃처럼
풍요롭고 배려 깊은 둘째와 해당화같이 사랑스럽고
조용한 막내, 핏줄 같은 아우들이다.
할미꽃을 보호해 준다.
아직은 자주색 꽃 속에 숙성 중이지만 시가 익을 때쯤
은자 색 황홀한 시를 물고 목을 빳빳이 세울 것이다.
아직도 두근거리는 가슴을 안고 있는 할미꽃이다.
설익은 열매라 부끄럽지만 고사목 가지에 바람 걸리듯
13년 만에 시가 걸려들었다.
단단히 잡을 생각이다.

또다시 할미꽃이 피었습니다

할미꽃은 자신을 드러내지 않는 속 깊고 조신한 꽃입니다
수정해서 씨앗을 맺을 때 까지는 고개를 들지 않습니다
허리 굽은 꽃이라고 숙인 목을 들어 올려서 꽃을 보는
것은 잔인한 행동이지요

화려한 치마 걷어 올리고 뭇 벌, 나비 불러 모으는
참나리의 방자함에 비할까

얌전한 규수처럼 헤픈 웃음 흘리지 않습니다

일찍 나온 벌, 나비가 꽃을 찾아 분주히 날아다닙니다
자세를 낮춰 낮게 날아서 찾았나 봅니다
벌은 꽃속에 들어가 요동을 칩니다
수줍은 할미꽃의 가는 떨림이 전해옵니다
봄날의 짧은 정사

황홀함을 뒤로하고
할미꽃은 씨앗 맺을 채비를 합니다
씨앗이 영글어갈 때 허리를 꼿꼿이 세웁니다
홍색을 띤 은자색으로 곱게 단장도 할 줄 압니다
또다시 할미꽃이 피었습니다

시월의 품

탱글탱글 잘 익은 10월

햇살아래 눅눅한 이불을 넌다

내 붉은 상처도

빨래 줄에 널어본다

흘린 눈물 받아준 넉넉한 이불은

햇살과 상담 중에 있고

착한 햇살 아래

아픈 상처도 홍시같이 익어가고

텅 빈 가슴도 채워지고 있다

꼬슬꼬슬 잘 마른 이불

나를 포근하게 싸안아서

추운 꿈도 따뜻하게 익혀준다

천연염색

세상 어떤 일이
이토록 즐거울까

무명천에 색을 입혀
햇빛아래 익어갈 때
파란 하늘엔 파도가 인다

염액染液을 삼키고 토해내며
변화의 고통을 인내하고
천상의 색으로 거듭나
저 혼자 펄럭이는 무명천

아름답다
홀로일 때
희열을 느낀다

외로운 여자가 아름답다

꿈

그림 그리는 여인이
멀리서 보인다

들판을 지나 능금나무의
그늘이 드리운 언덕에서
철길을 바라보며
출렁이는 파도 화폭에 담고 있다

햇살이 그림을 비춘다
하늘을 본다
오래도록 태양과
눈 맞춤하고 있던 여인

그림을 들고
들판을 떠나
강 언덕으로 걸어간다

꿈속에
내가 나를 본다

아픈 단풍

서른여덟 푸른 그가
떠나면서 남겨진 가방

상처로 받아든 날
가슴에 묻었다

숱한 가을 지나 열어 본다

어린 자식에게 쓴 손 편지
책 속에 끼워놓고 얼마나 울었을까
군데군데 눈물 단풍 들었다

하얀 마음으로 푸른 정성 쏟아
아비사랑 담았는데
지금도 전해주지 못하고 있다

누렇게 변한 편지지
빛바랜 글씨 위에
내 눈물 겹쳐 떨어진다

묵은 편지 위에 또 낙엽이 쌓여간다
그는 막내고 나는 맏이다

출사

서운암 뒤뜰 언덕배기에서
부처 법문 듣고 핀
며느리밥풀 꽃

내가 보는 만큼
너 또한 보여주니
우리로 하나 되는 순간

칠깍

베란다

봄이 왔어도
아침은 한 성깔 한다

란들이 자주 독립선언을 한다

엄마보다 더
예뻐지려고 노력하는 아이

기운차고 늠름한
발걸음으로 다가오는 녀석

색깔은 밋밋하지만
오동통하게 잘생긴 녀석

다산으로 힘이 빠진 녹채보
앞서거니 뒤서거니 얼굴을 내민다

아이들 봄맞이로
새 옷으로 갈아 입혔다

베란다는 시끄러움을 삼켰다

석곡

오늘은 그가 집으로 오는 날
베란다 한 쪽을 석곡으로 꾸몄다

진한 향기만큼
많은 밤을 세웠다
바닥엔 일광해석을 깔고
돌확도 올려놓았다

해 기울고
베란다를 가득 채운 향기가
안개처럼 부옇게 보여도
기다리는 이는 오지 않는다

살풋 초저녁 꿈이었다
돌아올 수 없는 그가
약속한 날
베란다 어둠으로 깔렸다

보랏빛 허영

친구의 팔목에 얹힌
루비 팔찌가 아른거렸다
할머니표에서 아줌마표로
갈아탈 수 있다고

진열장을 기웃거린게 화근이었다

점원이 팔찌를 꺼내
내 팔목을 낚아채갔다
탄력 잃은 팔목이 순간
우아하게 보였다

손목이 잡히면 마음도 잡힌다
돌아오는 차 안에서 슬쩍
손목을 햇빛에 비추어 보았다

아무도 잡고 싶어 하지 않는
노경의 손을 잡아준
보랏빛 허영이 손목에서 반짝였다

올 여름 나를 어디로 휘모리 갈지

황금낮달맞이

알맞게 큰 샛노란 얼굴이
정원을 지킨다

그쪽 바람 따라 흔들리는
모습에 언뜻 내가 보인다

흔들림은 뿌리에 더 힘을 주고 있다

일찍 가버린 사랑도
늦게 찾아온 사랑도
붙잡지 못한 낮달맞이

나는 님이 떠난 빈자리에
늘 늦게 도착한다

나 홀로 전시회

나만 궁금한 전시회다
지릿대 풀고 잎 따고
때 좀 벗기고 분에 올렸다

삽목 5년째다
철사감기는 한 번도 하지 않았다
가위로 전정만 했다
나무가 원하는 대로 잔가지를 살렸다

훈련소에서 무사히 마치고
자대배치 받은 아이를 향해
힘들었재
이제부터 자리 잡게 해줄게
가운데에 앉혔다

자라나는 줄기들이
햇살의 반대 방향으로
뻗어가고 있는 마삭에게도
한자리 마련해 주었다

같은 수종이라도
철사의 위력으로
자태가 멋진 놈도 올렸다

온몸으로 당당하게 돌아본다

큰 분 사이사이 들꽃도 올렸다
오랜 세월 같이한 동지들
각자 한 인물씩하고 있다

가을 열매를 보며

내 주변은 온통 짙은 단풍이다
꽃을 피워낸 자리에는 열매가 들어
볼살이 부푼 듯 살이 오른다
푸르든 붉든
익어간다는 것은 새로운 꿈이다
다들 저물어가는 시간
빈 가지에 겨울을 향하는 열매는
향기를 단단히 여몄다
어, 이 녀석은 불만이 깊은 것 같다
여느 열매와 달리 주름이 많다
윤기 없이 매달린 결핍이다
관심에 사랑 조금 섞어 처방하면 될까
돌아선 결핍은 회복 불능이다
옆 나무는 붉은 잎에 보석을 매달고
싱그런 웃음 짓고 있는데
허약체질로 면역력이 떨어 졌나
볕 잘 드는 곳에다 바람의 길을 열어줬다
기다려 봐야겠다

민달팽이

차고 끈적한 점액질
닦아도 지워지지 않는 감촉

내팽개친 저도 놀랐는지
궁싯거리며
작은 안테나를 세운다

민머리 머쓱하게 꿈적인다

알몸에 고동색 두 줄
선명한 문신만 지녔다
오체투지로 더듬어가는 길

민달팽이처럼 지워지지 않는
끈적한 사연으로
노을 앞에 선다

그림 속 모델

색들을 반투명하게 겹쳐 칠했다
색깔은 표면에서 발할 때도 있다

무슨 할 말이라도 있는 듯
아래 색이 위로 솟구친다

붓끝으로 입술을 칠하니
정다운 베이스로 말을 건다

그림 속 그와
수 없는 대화를 주고받았건만

우연히 만난 당신 앞에서는
턱이 떨리고 말 더듬기까지

집으로 오면서
많이도 궁시렁 거렸다

캔버스의 얼굴은 다정한데
오늘 그는 낯설고 어려웠다

향기나는 말을 듣지 못했다

난시

의도하지 않게 흐려진
윤곽을 자주 만난다

둘레의 선이 뚜렷하지 않아
흐려진 너를 더 뚫어지게 쳐다본다

답답함과 모호함 속에
잘 보기 위해서 가까이서
또는 몇 발짝 뒤에 선다

방치하며 찾게 된 감상의 여유
현상에 대한 두려움이 사라진다

흐려지는 것은 경계선이 없다
서로를 기억하는 단서를 지운다

고요하게 섞이고 있다

들판

길은 애초에 이 들판에서 태어났다
괴로운 날에는
웃자란 상추대처럼 우두커니 서 있다

어퍼컷 한 번 날려보지 못한
인생을 둘러본다

바람이 실크스카프처럼
차가운 목을 휘감는다
순간도 영원도 가볍게 바람을 타고 간다

들판은 낭창거리며 민요가락을 탄다
바람이 들판의 방향을
따라가지 못하고 사라진다

나는 들판이 낸 천 개의
길을 다 걷지 못하고 서 있다
다 같이 푸를 뿐이다

자전거 여행

만남의 그림자 위에서
나는
시간의 힘으로 밀리고 있다

몸은 세월을 먹었고
선연한 추억은 아프다

푸르고 까칠했던
지난 봄 속에 서 있다

5센티의 허영

아랫배에 힘을 주고
등뼈를 곧게 세웠다

마음에도 철심이 박혀 당당하다

허영은 중력을 모른다
서점으로 액세서리 가게를 누볐다

티내지 않으려고 힘을 주다가
삐그덕
발목이 꺾기면서 무릎을 동반했다.

팽팽히 당긴 주름살이
일시에 무너져 내렸다.

5센티의 유지는
왜가리가 되어 서 있다

홀로서기

떼놓은 바위솔 자구가
고아처럼 웅크리고 있다

혈육이 빠져나간
그곳에 허공이 생겼다

떨어져나간 자구를 유심히 살핀다

가시던히 하엽을 떼어내니
또렷해진 자구들이
발 없는 몸으로 홀로서기를 한다

그들은 더 이상
어미에 빌붙어 있지 않다
스스로 모주가 될 발돋움을 시작 한다

화려한 싱글을 꿈꾼다

분갈이

불필요한 눈치를 덜어내고
그동안
뭉쳐있는 악착을 잘라낸다

거침없는 손길에
노목은 침묵으로 아픔을 이겨낸다

새 흙이 어색한 뿌리가
물과 양분을 빨아들인다

생을 단단히 붙잡은 것이다

비워내는 계절

떨구고 비워내는 계절 앞에
노목의 굴곡진 삶이 눈길을 끈다.

우산도 없이 오롯이 비를 맞고 있다

구름이 혼돈을 부추긴다

백년 세월을 견딘
흔적을 다듬으며
화장은 철마다 다르게 한다

구멍 난 뼈대와 몸매에
햇살이 스며들고
비워낸 만추의 아침이 빛난다

훈련

훈련소에 철화 백화등을 입소 시켰다
허리 졸라매고 전신 맛사지에
고된 훈련 잘 받고 오라 했다

훈련 마치고 온
철화백화등을 하우스 밖으로 보냈다

거친 파도를 건너기 위해
햇볕의 손길을 받아야
수피가 더 거칠어진다

뒤틀린 몸으로
한쪽 팔을 늘어뜨린 채
한쪽 발은 구름을 거머쥐려고
발돋움하고 있다

목마른 침상에서
날카로운 손길도 참으며
팔랑개비 꽃으로 향기도 피워내고
잎도 물들었다

몸매도 잡히고 살집도 붙었다
바람을 이긴 모습이 키가 크다

색채의 왜곡

캔버스에 얼굴을 그린다
인물을 바라보며 찾게 된 윤곽선에서
낯빛과 턱선의 절충이 일어난다

곁가지처럼 뻗어나는 색채의 실체
풀리지 않는 색의 형상

뼈 없는 얼굴이 되었다
지방이 빠져나간 얼굴도 되었다
피가 빠져나간 얼굴이 되었다

색채의 왜곡으로 행방불명된
사진 속 반듯한 내 얼굴

뜰에 핀 동백

뜨락에 눈 내린 뒤
푸른 잎에 흰 구름 피어난다
눈 속에 푸른 잎을 피워내는
동백나무가 이겨내는 뼈 시린 추위
주어진 대로 사는 게 아니다
극복하고 일구어 내는
무너뜨릴 수 없는 푸른 잎이 빛난다
떨어진 동백꽃은
한 달을 돌확에서 핏빛 생을 지켜낸다
서서히
몸을 말려 풍장에 드는 꽃
타협하지 않는 빛이 눈 속에 서있다

삭*

돌을 감싸고 있는 초록 이끼
안개비에 젖은
윤슬이 빛난다

작은 기척으로
대지를 향해 포자낭을 터뜨린다

이끼 하나마다
한 가닥 거미줄처럼
달빛에 빛난다

분홍 털복숭이 정자 같다

푸른 이끼 속에서
뭇 생명이 꼬물거린다

우주는 푸르게
빛나는 달빛 속에 서 있다

* 이끼의 삭이 포자낭이다. 이끼는 포자를 통해 번식한다.

사거리에서

사거리 앞까지 왔어
세탁소 간판 보이지
옆으로 돌아서 와

그땐 그랬다
사거리가 훤했다

빛과 어둠 사이로
겹겹이 쌓여가는
사거리 법칙도 지켰다

사방에서 바람이 불어온다
바람은 손에 잡히지 않고
빠져 나간다

모호한 거리가 오고 있다
얇은 생의 바람은 흐르고
사거리에 서 있는 나

사거리를 찾아오는 낙타는 없고
푸른 신호등은 켜지고

둘레길 6000보

중사도 둘레길
해넘이와 함께 걷는다
비석만 남은 옛 도선장을 지난다

주름진 내 손을 잡아준 다른 손
봄 햇살 고운 미소가
마스크 안에서 떠나지 않는다

늦게 찾아온 따스한 기운이
작은 풀잎까지도 예쁘다

뜬 바람 속 마음이
시공간을 넘어 출렁일 때
다잡아 주는 길
중사도 둘레길 6000보

한 보 씩 내 발걸음을 찾아가는 길

전봇대

마을에 드는 전파를
부지런히 업어 날랐다

마을의 뭇 슬픔을 나눠주었고
빈틈없이 사랑도 전했다

빛으로 어둠을 밝혀주었지만
그녀 담을 월담한 죄로
자동차시트에 빰 맞는다

그녀 발길질이 멈추는 날
발등에 로즈 팻말 꽂아놓고
아랫도리를 가시로 감췄다

장미 향기에 구름 빼기고
빈손으로 서 있지만 대문도 없는 그녀 집을
남몰래 지키는 파수꾼이다

황금방석

대사리 신작로
가을 타는 노숙인

지상의 은행잎 긁어모아
두터운 방석을 만들어
가을 향기를 즐기고 있다

방석 위에 검은 비닐봉지
저녁 한 끼가 있는지
휘파람을 날린다

기대고 있는 등 뒤는 차가운 벽
바람도 길을 거둔다

이 길을
차 안에서 지나친다
황금을 깔고 앉아
내일을 꿈꾸는

한 남자가 거기에 산다

모란꽃

작가의 말

28년 전 백일장에 참여해 상을 받은 이후 여덟 번의 각종 수상을 했습니다. 시를 써 봐도 되겠구나 하는 자신감이 생겼습니다. 하지만 시를 쓰기는 쉽지 않은 일 경희 언니 권유로 시 공부를 시작하고 신인상도 받았습니다. 가족과 친구들의 응원에 힘입어 문학의 길을 걸었으니 어차피 해야 할 일 만난 지 십육 년 만에 삼인 삼색 펼쳐보기로 했습니다.

이 시집의 30편 전반이 꽃 이야기입니다. 꽃을 좋아하고 꽃과 함께 살아왔으니 나의 살아온 기록입니다. 어차피 쏟아진 일 좀 부끄러우면 어때…. 하지만 이 책을 읽고 한 분이라도 더 공감할 수 있기를 소망하며 떨리는 마음 함께 실어 보냅니다.

끝으로 시 잘 쓴다 용기 주신 경희언니 자옥씨 친구 덕분에 오늘이 있습니다. 그리고 내 사랑하는 친구들 감성 여행에 함께 한 날들 오래도록 추억하겠습니다. 책을 만들어준 세종출판사에 감사드립니다.

모란꽃

한 시절 웃음 넘쳐나던
집 나간 향기 없는 꽃
이젠 안녕
내 안에 깜빡거리는 꽃 같은 봄날
엇갈리는 가계도
숨 멎을 아픔 안고
해거름 비밀스런 아궁이 앞에
불이 삼킨 연애편지
태워도 태워도 감춰지지 않는
얼굴 붉힌 꽃
불 속에서 오글거린다
사랑과 이별의 족보
가슴에 묻어둔 시간의 뒷면
타오르는 불로 지워버린 흔적
아궁이 가득 꺼져 가는 적요
잿빛 위에 선명하게 살아난다

귀족처럼 빛나는
수줍은 모란꽃 한 송이
오월이면 죄인처럼 피어난다

변산바람꽃

덧없는 사랑 찾아
변산댁
이월 바람났다
언 땅 밀고 나온
꽃단장
민오름 가는 길
바람꽃은 춤추고
나도바람꽃
나두 美쳤다

홍매화를 만나다

무풍 한솔길 따라
냇물 소리 악보 타고
두근거리는 설레임
통도사 영각 뜰
피안의 꽃에 닿았다

발그레 앳된 비구니 승
속세 사연 피어올라
첫새벽같이 시린 꽃
어머니 모습 그리워
법당 꽃 문살 앞까지
마중 나온 설움 보풀 거린다
삼백일흔 해 고행길
스님 목탁 소리
가지마다 꽃잎으로 싸서
겹겹이 부푼 봉통한 볼
꽃등불 피우고 서 있다

원동 순매원

낙동강 베고 누운
만개한 매화꽃
등에 싣고
강 언덕 가로질러
꽃속으로 깊이 달려
수서역 신혼집으로
봄 배달 가는 기차

목련꽃 기도

창문 열고 밖을 보세요
두 손 모아 기도합니다
여명 가른 새벽
장독 위에 정한수 올려놓고
비나리를 합니다
엄마 기도 소리 듣고
사 남매 길 잃지 않았습니다
목련꽃 보면 눈물이 납니다

창문 열고 밖을 보세요
두 손 모아 기도합니다
어두운 골목길 촛불 들고
선잠 하굣길 밝혀줍니다
허망하게 절름거리는 딸
눈물 기도로 일으켜 세웠습니다
나는 목련꽃 먹고 살았습니다
목련꽃 보면 눈물이 납니다

엄마는 추운 겨울 잘도 건너와
두 손 모아 또 역사를 피워냅니다

엄마꽃은 지고

봄꽃처럼 환하던 엄마

겨우 건너온 겨울

단둘이 나 어릴 때로

떠나 보고 싶었건만

마른 몸 날마다 수분 잃어

벚꽃 앞질러 그 고통 걷어

산 27번지

아버지 곁으로 떠났다

벚꽃 피고 있는데

엄마 꽃은 지고

홀로 서러운 봄맞이한다

할미꽃과 영감꽃

벼랑끝에서 펑정 펼친다
돌침대 위에 동침하는 부부
봄바람 따라 하늘거리는 노화
떨림으로 과시하며 피었다
비옥했던 청춘 강물 따라가고 없지만
늙은 꽃으로도 빛난다
화려하게 피워 낸 자식들 떠난 자리
동강 하늘 별과 동강 밝힌다
측은지심 서로 떠받든 부부
벼랑에 누운 햇살 받아 몸 데우고
둘이 손잡고 두려움 떨쳐 낸다

피어 있는 것만으로도 위안이 되는
동강할미꽃과 동강고랭이
부부는 그랬다

와~~
성숙이 시가 참 멋지다.

돌침대 위에 동침하는 부부~~

청춘 강물따라 가고 없지만

벼랑에 누운 햇살 받아 몸을 데우고

피어있는 것만으로 위로가 되는

어찌 이런 표현들을 알토란같이
토해내는지~~

동강할미와 동강고랭이를
올 봄에 보고 왔기에 더욱더 시가 와 닿는다.

우리 친구 최고~~

*친구가 나의 시를 읽고 간추린 구절들과 친구의 꽃기행 작품사진을 그대로 옮겼습니다.

벚꽃 만개하는 날

나도 화들짝 피던 날 있었는데

웅크린 잿빛 나목
일제히 안달 난 몸
꽃 달고 나선다
그저 할 말하는 제 몸짓이다

하늘 향해 쏟아내는
"디스 이즈 어메징 디스 이즈 어메이징"
여섯 살 손녀도 목소리 높여 뛰며 돌며
폴작 거리며 두 팔 벌려
트렌치코트 춤을 춘다

하늘 덮은 꽃이불 사이
낮달도 누워 있다

할 말 다 하는 분홍 입술들
벚꽃 따라 나도 피어나고 싶다

치자 물들이는 날

모래실 뜰에도 사월이 왔다
빨랫줄 위에서 춤추는 노란 스카프
된 볕살과 바람 어울려
한 물 두 물 익어가는 치자 빛

팔팔 끓여 식히고 육십 도에서 침염해라
침염 때는 한꺼번에 담그지 말고
드리우듯 천을 흘려가며 담가라
주물러라 뒤집어라 방치한 뒤
바람 쳐라
얼룩지지 않게 흔들어라
바람 스며들게 물을 뿜어라
자국 남지 않게 자리바꿈해라
가슬바람 명주에 앉으면
또다시 치대고 바람 기다려라
세 물까지……
명반으로 중매염하고 색을 잡아라

사월 물들인 치자 바람 기다린다
빨랫줄에 걸터앉은 눈물 같은 명주
어쩌다 여기까지 왔니
호랑나비 날아와 슬픔 위에 펄럭인다
나비 스카프 두르고 치자꽃에 젖는다

모란꽃이 말한다

너는
허투루 나를 보았지만
자세히 봐 달라
오래 기다렸는데

너는 알지 못했지
겹겹이 향기 채워 피어날 것을

나도 몰랐지
이꽃 저꽃 날아다니는
저 오만한 나비

사랑해 본 적도 없이
헤어져 본 적도 없이
바람 옷 두텁게 입었다
떨리는 기다림도 끝났을 때
떠나지 않는 눈빛만 키워
눈 감으면 네가 보인다

찔레꽃

몽골로 끌려간 소녀 찔레
징검다리 하나 없는 강
눈물강 건너 고향 돌아왔건만
온데간데없는 가족 그립다
동생 이름 부르며 산골짜기 헤매다
죽은 슬픈 찔레야

눈부시게 피어난 하얀 얼굴
만년 향기 품고
가시덤불 속
침묵으로 뻗어 나간 눈부신 얼굴
선명하게 웃고 있는 찔레야
너를 바라보면 그 웃음 알고 보니
노오란 눈물방울이구나

타래난초

나전 산 37번지
아버지 집 대문 앞
타래난초 꽃 피었다

중환자실
외딸 손 놓기 싫어
삶의 바늘 줄줄이 꽂고
뒤돌아보고 또 돌아보던
음력 스무이틀 돌아앉은 꽃 타래
비 오면 비에 젖고
눈 오면 시린눈 덮은 채 삭힌 설움
땅에 살기 아까워
하늘 오른 소용돌이 꽃
이승과 저승 실타래 풀어
다리 놓아
그리움 안고 에돌아 온 아버지

단정화

오르막길 차고 올라
금강공원 둘레길 들어선다
흘린 땀 반겨 주는
정숙한 여인
초록 무리 속 밝은 얼굴
단단히 고개 들어
하얀 이 드러내 웃는다
단아하여 품행이 방정하고
단정한 그녀 모습
언제나 그 자리
다정한 이웃 같은
너를 만나면
나도 단정해진다

꽃밥

하얀 모자 꽃 멍든 꽃
아이 양식이다
남겨진 손끝에서 감꽃 피고 지고
소꿉놀이 동화책 엮었다
무싯날 깻잎 한 소쿠리이고 장에 간 엄마
해는 저물어 길은 멀어 더디 오고
첩첩이 걸어둔 문고리 어둠에 질려
울다 지친 아이 엎드려 그루잠에 취해
감꽃으로 모둠밥 지었다
꿈속 저 멀리 엄마 발걸음 소리
소복한 꽃밥 한 그릇
지친 엄마 미소 한 숟갈

능소화

하늘 향한 나팔의 묵상
엄마 얼굴 피고 있다
양반 집에서만 살 수 있는 점잖은 꽃
담장에서 출렁이며 넌출 키운다
담 뛰어넘지 않은 양반집 규수
그 편한 몸빼바지도 안 입던 양반
정신 놓고 병원 살이 중이다
오고 가는 외손자 혼삿말에
“양반 잔치를 해라” 한다
양반 노래는 구십 이 절까지 이어지고
힘든 애옥살이 양반 노릇
힘에 부쳤을 우리 엄마
꽃으로도 넘치는 양반
너는 알겠지

양반 꽃 바라보며 위안 얻었을
우리 엄마

연정
– 이팝나무

장척골 동토
제 몸에 꽃과 잎 품고
반생 서서 살고 있다
머나먼 여정 걷고 있는 노거수
점잖게 잠 잔다

태어나 옷 한 벌 걸치지 못한
거친 피부 늙은 나목
아프고 고달픈 일 왜 없었겠나
방으로 데려오지 못한 안달
문 닫지 못한다

쌀 한 가마 이고 지고 사는 몸
밖에서 잠 청하는 굴하지 않는 묵상

꽃밥 약속하는 저 우직한 얼굴

넝쿨장미

유월 설움
담장에 걸려있다
하고픈 말 너무 많아
떼 지어 솟아오른 꽃무리
불러도 모른 척 가시 키워
하늘길 향해 전진한다
피우고 피어나는 붉은 열정
바람에 길든 담장 타고
배반의 슬픔 흐느적거린다
자유에 목마른 저 군중들
늘어진 몸 가누기 힘겨워
철조망 밖으로 목 내민 구원
무심히 마주친 너의 눈빛
어쩜 그리 슬프니 울뻔했어
겹겹이 오물거리며
일어나는 아우성
파란 하늘 우러러
불타오르는 분노의 몸짓
갈 곳 잃은 고운 얼굴들
평화 시위
담장에 누워있다

목 백일홍(배롱나무)

프릴
팔랑거리는
분홍 꽃 속에
숨은 유년 시절
읍내 장에 간 엄마
꽃 치마를 사왔다
뒤뚱 내민 배불뚝이 딸
배를 밀어 넣으며
예쁜 공주를 입혔다
애살 조롱한 엄마 얼굴
꽃잎에 찍힌 선명한 암영
요리조리 넘겨 본다
캉캉꽃치마 속에
발그레한 부끄럼
바람에 나풀거린다

옥잠화 피면

날마다 새장가 보내 달라
새를 보는 홀시아버지 묵언
꽃대마다 솟아난 옥비녀
바람결에 모셔다
시아버지 안방에 예단 올렸습니다

밤마다 신방에는
긴 머리칼 풀어헤쳐 흐느적거리고
꽃잠에 빠진 하얀 속치마
까만 밤을 밝힌 옥비녀 달빛입니다

엊그제 시집온 숨죽인 꽃 색시
아홉 식구 삼첩반상 땟거리 찾아
논밭에서 산에서 바다에서
헤매든 말든

팔월 꽃밭에 세세연년 타고 올라
아린 기억 또깍또깍 피어납니다

나리꽃

대문 옆에서
동떨어지게 키를 키우고
기둥뿌리 깊이 내려
저 길쭉한 생각 키운
키 큰 아들
꼿꼿이 서서
낮은 곳을 돌운다

꽃무릇

석산화
상사화
피안화
사인 동명
고혹한 몸매
마스카라
한껏 쓸어 올린 속눈썹
맺힌 눈물방울
꽃과 나비 만나지 못해
애절한 상사병만 더한다
가을 하늘보다 더 높은 슬픔
하늘 향한 저 붉은 몸짓
그리움만 붉게
솟아오른 그녀

장군차꽃

이천 번 피고 지고
가야역사 속에 지켜 낸 향기
후릉에 핀 봉통한 새색시
고개 숙인 큰 눈망울
부모님 보고 싶을 때면
파란 하늘 올려다본다
인도와 중국 남부 경계지역
아유타국에서 바다 건너온
황옥공주 신행길 봉차
먼 길 인연 찾아 떠나 온
수로왕비 떠나고 없건만
수로왕 손 잡고 거닐던 오솔길에
금슬 좋은 하얀 역사 피워내고 있다
추로수 머금은 장군 차
노랗게 드러낸 꽃의 속살은
친정이 그리운 왕비의 눈물방울

윤연휘 작가

단추 국화 피었다

앙칼진 바람 불어와
하얀 레이스 원피스
입씨름이 꽃단추 뜯어 갔다
열어젖힌 앙가슴
떨어져 나간 그 자리
지프였으면 어땠을까
국화밭 어긋난 바람이 단추를 키운다
피다 시든 꽃 포기한 햇살
들썩거리며 가까이하는 우리사이
멀리 바라보다 지우다

단추가 피었다
채울 꽃이 많아 다행이다
얄미운 바람 보고싶건만
한 풀 꺾여 나를 피하고
고개든 가을 볼록하게 피어
마당에 동그란 얼굴 웃고 있는데
찢겨진 원피스 살갗 채우며
멀어져간 너를 기다린다

해국이 핀다

개발에 밀려 집 잃고
시린 누옥으로 이사 왔다
서초당 뜰 정한이 피고 지던
바닷가 언덕에서 살던 보라
꽃은 가위질당하고 음지에 앉아
뭇 벌레 텃새에 잎은 망사 되어
모가지 꺾인 영양실조
색은 옅어지고 내곡 잃어가던
서러운 날들

청상과부 홀로 서서 이겨 낸
서초당 주인 닮은 그녀 같은 꽃
낯선 곳에 발 내려 고향 그리운
헤어진 그녀에게로 수북이 뻗어
가슴 먼저 눈물 닦는다
오동나무 연 걸리듯
뒤엉켜 엎드려 살아 낸 연보라

가을은 해국이 피면서 완성된다
완성된 그녀를 바라본다

꽃의 뜻

기다림은

서리를 맞고서야

내 곁에 온 손녀 꽃

코로나 19 거센 바람 불어도

겹겹이 피어나는 서리꽃

나는 안다 눈 맞추고

발그레 웃고 있는

아기 동백꽃

위미리 동백꽃

맹춘 할머니
붉은 눈물 떨어진다
열일곱 새색시
한라산 동백꽃씨 따다
황무지 위미리 정성껏 심었다
백칠십 년 울창한 동백 숲
붉고 붉다
고사리비 따라
땅으로 내려왔다
사는 것이 고달파서
온몸 멍 들었나
너를 가만히 바라보는 것은
내 가슴에도 피멍이 든다
떠나면서도
길 위에 누워 꽃길 만든다
빨간 슬레이트 지붕에도
뒤뜰에도
돌담 위에도
동그란 골목길 따라
현맹춘 할머니 일 살아있다
척박했던 위미리
사람 꽃이 정겹다

게발선인장

보고 싶은 승연이
맨발 게걸음하고
우리 집에 놀러 왔다
겨울 찬바람 몸 맞대고
양지바른 창가에 앉아
발그레한 입술 오물거린다
날마다 봉통하게 살 채우고
혀 내민 빨간 꽃봉오리

겨울왕국 음악이 흐른다
겹겹이 프릴 달린 발레복 갈라 쇼
가녀린 다리 넘어질 듯한 발롱
끊어질 듯 유연한 몸짓의 군무
꼿꼿이 세운 토슈즈
작은 몸 늘어뜨려 나풀거리는 발레리나
'렛잇고 렛잇고' 어지럽게 돌아간다
사랑스런 승연이 깜찍한 공연
지나던 시린 겨울바람도
베란다 창문 앞 멈춰 서서
심연한 관람 중

눈꽃 출근

도착한 동영상
새벽잠 깼다

눈길 걸어
챙겨 출근하는 청춘
사랑이 너무 깊어
눈은 보이지 않고
조바심만 난다
가슴 언저리 훑고
새벽마다 가야 하는 길
탯줄 끊어지지 않아
뼈마디까지 꿈틀거린다
뒤돌아보면 해외현장 파견
영덕 고속도로 공사현장까지
눈물 따라간다

눈 위에 남긴 살가운 발자국
젊음 더욱 단단해지기를
두 손 모운다

문자꽃밭

캘리그라피 호수에
이름들 모여든다

문자 디자인하는 은규 선생님
화선지 꽃밭 만드는 미려
섬세한 인장 새겨 나눔 하는 목원
풀잎 속에 앉은 별꽃 같은 초운
고재에 들꽃 피워 내는 민들레
넉넉한 나눔 미소 천사 진여
흙으로 자연을 빚는 채연
고요를 그리며 공방 밝히는 채요
이야기 풀어 꽃수 놓는 채담
불심으로 꽃 인연 베푸는 연담
금빛 이름들 물고기 공방에서 유영한다

자수에 핀 꽃

햇살 드는 창가
수틀 앞에 앉아
내 안에 시든 시간 풀어내
프랑스 자수 놓는다

화분 속 국화꽃 수분 잃어간다
손끝에 모이는 햇살 아득히 깊어져
꽃을 만나 한 땀씩 바늘이 지나가고
수틀에 누운 자색 꽃봉오리
홀로 시간이 피워낸 국화
나를 향해 눈부시다
백 년 동안 국화 향 마신다

맞은편 반짇고리에서
이슬에 젖은 엄마가 걸어 나온다
엄마 손끝에서 놀던 오방색 비단
겹겹이 쌓여 베개닛에서 국화꽃 핀다
향기 짙어 넘치는 그리움 차올라
엄마 꽃향기 한꺼번에 몰려온다

해당화

작가의 말

재판장에 서 있는 마음입니다.

부족한 면 채워주고
조언해 주고 무조건 지지하는 두 분이 있어서 오늘이 있습니다.
긍정적이고 나아가는 저로 살겠습니다.

해당화

야윈 볼 할퀴는 사나운 햇살
흘러 듣는 그늘은 한 치 품이 없어
구름이 뙤약볕을 가려 준다
거친 숨 몰아쉬는 숱한 기다림이
머무는 천 길 벼랑에
톱니가 맞지 않는
붉은 얼굴 바다를 향해 있다

차마 못 할 이야기 가슴에 안고 물질을 하고
어선은 만선을 기다린다
두레밥상에 겸상할 시간을 찾고
왼편으로 기운 고개 바람이 돌려 놓아도
젖은 볼은 햇살도 바람도 말리지 못한다

붉은 손 내밀어 돌아오라고
겹쳐진 삶 펴 보려고 무던히 애썼지만
숨 막히는 햇살냄새는 성근 그늘만큼
견디기 힘든다

그 멀고도 아득한 벼랑에 해당화
꽃불佛로 앉아 있다

늙은 양은 주전자

심부름으로 술 도가都家에 갔다
집채만 한 술독에서 팔이 긴 바가지로
휘이 저어 막걸리를 가득 담아 준다
걸어오다가 시큼달큼털털한 향에 주둥이를 입에 댄다
어린 나에게도 맛있다

집으로 가는 길은 멀고 주전자는 무겁다
나는 시큼달큼털털한 마력에 또 이끌린다
하늘이 취해서 지평선 아래 눕는다
새파랗게 자란 벼 이삭 하늘 옆에 엎드린다
개구리가 취해서 앞길을 막아서고
들고 있던 주전자가 취해서
주둥이를 내 입술에 갖다 댄다

내가 양은 주전자가 되었을까
가벼워진 주전자가 之자로 걷는다

두려움은 벌써 줄행랑을 쳤다
주전자가 자고 가자고 이불을 편다
나는 시큼달큼털털한 마술을 베고 누웠다

한 두 번 해 본 솜씨가 아닌
늙은 양은 주전자는 능구렁이 임에 틀림없다

골목

목 늘어진 양말 같은 혈관이다
담과 골목 사이 숨어 사는 술래들
등이 휜 골목에 점령지를 지나듯
무심한 발목들이 있고
혈관은 갈수록 납작해진다

저녁이 서성이는 골목은
반쯤 열린 대문을 기웃거린다
등불 켜진 창안은 온기로 가득하고
좁은 마당에 개와 늑대의 시간*이 앉아 있다
돌아서는 골목 뒤로 밤이 투신할 때
골목 밖으로 달아나는 술래들
까불거리며 걸어가던 아이는
낡은 운동화를 신고 엎어진 혈관이
침하하는 소리에 굽은 골목 어귀에 주저앉은 땅거미

태양도 골목에서 그늘의 각도를 옮기고
낡은 웃음도 말라가는
골목 안 담장에 능소화가 만발했다

* 한차현 소설제목
해질녘 개인지 늑대인지 구분하기 어려운 시간

유년시절

대청마루 밑
아버지 와이셔츠 상자가 낮에 있었던
무용담으로 밤을 익히고 있다
긴 밤 상처 난 구슬이 멋대로 엉겨 있는 거미줄 너머
인기척을 기다리며 잠이 든다
철 지난 달력으로 잘 접은 딱지는
만삭으로 부어 있는 배를 비워내고 돌아 누웠던
바닥 튀어나온 돌에 상처 없는 것이 없다
뜨거운 달빛이 마루 밑을 비출 때 잠시 깨어나
햇살 속에서 탄성을 지르던 이이가
휘두르던 팔을 기억한다
아이는 동굴 같은 마루 밑에서 꺼진 배에
잘 접은 종이를 끼워 만삭으로 돌려 놓는다
아버지 와이셔츠 상자에 살림을 차린 구슬과 딱지는
방문 열리는 소리에 귀를 마루 밖에 걸어 놓고
발자국을 더듬는다

자라버린 유년이 마루 밑에서 아버지로 앉아 있다

어린 동네

굽은 모퉁이를 여덟 번이나 돌아야 있다
흙 길에 돌들이 박혀 한 눈 팔다가는
코 깨지기 일쑤이고
오르막을 가다가 계단을 두 개쯤 내려서는 동네
수건으로 문질러도 지워지지 않아 눈에 선하다
코딱지 붙여둔 집은 흔적이 없다
목젖이 보이도록 웃었던 골목은 자동차가 다니고
그 아스팔트 뜯어내면
눈물 섞인 내 웃음소리를 들을 수 있을까
아이들 떠드는 소리에 동네가 흔들리고
끌려 나온 정오가 한참 지나
밥 먹으라고 부르는 소리
금세 텅 빈 골목은 그제서야 졸음을 즐긴다
그늘은 좁은 골목 담벼락을 타고 올라
능소화 가지 깊숙이 둥지를 틀고
할머니 세 분 그늘을 지붕 삼아
이야기 꼬리 골목을 채운다
지금은 두드려도 열리지 않는 문을 달고 사는 어린 우리동네

백 년 빈집

백 년 늙은 빈집 벼랑에 갇혔다
허리 굽은 골목 어디쯤 백 년이
오랜 의식을 치르며 바람되기를 기다린다
잡초가 지키는 집
담은 멍들고 낮에도 그늘 깊은 백 년이 벼랑에 산다
인기척 대신 자잘한 햇살 잠시 다녀가고
달빛이 먼지 묻은 마루에 누웠다 간다
여름이면 마루에서 칠 벗겨진 소반에
하지감자 쪄먹었겠지
구겨진 여름이 숱하게 지나고
늙은 집 지키던 노모를 요양원에 모신 뒤
빈집은 홀로 뒤척이다 가시에 찔려 묵은 매실주를 마신다
마음대로 자란 붉은 접시꽃 키를 넘기고
길고양이 영역표시 해둔 정원에
바람 되지 못한 손때 묻은 부엌살림 풍장을 기다린다
귀퉁이 떨어진 처마에 걸린 거미줄에
소갈증이 매달려 있고
등뼈 휘어진 지붕에 잠든 백 년이 버둥대지만

노모는 바람이 된다

검은 선암사

산골은 밤이 빠르다
급하게 도착한 밤 덕분에
선암사로 가는 길은 칠흑이다
아직은 하얀 내가 저 칠흑 속으로 사라질까 봐 두렵다
이렇게 새까맣게 검은 밤은 본 적이 없다
거대한 검정이다 속을 드러내지 않아 알 수 없는
어둠의 비린내를 이 가난한 배포가 이길 재간이 없다
어둠 밖에 어둠이 진을 친다
어둠은 나를 먹으려고 덤비고
내 눈은 한 줌 불빛을 찾는다
돌아보니 방범등이 어둠을 비집고 버겁게 버티고 있다
검정도 하양도 있는 것도 없는 것도 아님을 깨닫기에
내 불심은 허약하다
종점 옆 조그만 가게에 매달려 있던
붉은 백열등마저 검정이 먹어 치웠다
검정은 정물처럼 놓여 있고
태초부터 푸렀던 검정이 여기 있다
내 가출은 이렇게 까맣고
나는 서서히 검정이 된다

선암사 새벽

스님 두드리는 목탁에 구들장이 이불을 걷는다
새벽은 멀리 있고 처마 끝 풍경은
바람을 먼저 맞는다
땅만 보며 걷던 맨발이 고개 들 때를 기다리며

아침 예불시간
어둠 속 들리는 자갈 밟는 가벼운 발자국들
좌정중인 종정스님 등 뒤로 촛불이 흔들린다
후다닥 자리 잡으니 스님 염불 깊어 가고
목전에 해탈이 있는 양 고개 끄떡인다
가난하고 구겨진 마음에 비마저 내리면
그 분 앞에 엎드려 위로를 구한다

선암사 새벽은 넉넉한 품이 같이 있다
스님 파란머리 너머 푸른 여명이 고개를 든다
석양은 붉고 새벽은 파랗다
한 근이 넘는 잠이 눈꺼풀에 매달려 있고
새벽은 깨어 있는 스님과
깨지 않은 나를 함께 감싼다
맨발은 잠시 머물다가 산자한 미소를 남겨 놓고
어둠 걷어낸 마당에 새벽이 파란 시간들을 풀어 놓는다

사리암 가는 길

가파른 벼랑이 숨가쁘다
오른편 지나 왼편으로 기댄 마른 길이
숨 몰아 쉬는 벼랑을 오른다
낯선 얼굴이 오면 더 벽으로 세우고
안면이 트일수록 벼랑은 길게 눕는다
숱한 신도가 뿜어낸 땀과 바람이 세로로 선 좁은 길
앞선 도반이 흘린 눈물 섞인 염원이
비탈 사이에 널렸다
따라온 겉치장은 저 아래에 두고
다리에 옮겨 붙은 무게를 느끼며
오르는 지금이 본 모습이다
간절함이 자라는 소리가 귓전에 머무는
이 가풀막이 오히려 위로다
들숨과 날숨이 기도로 쌓이고 일찍 먹은 더위가
벼랑에 걸쳐 있다
비탈길 구비마다 토해낸 한숨들이 널브러져
한겨울에도 더위는 앞서간다
토해내는 숨결이 현기증과 구토로 나타날 때쯤
사리암이 벼랑 끝에서 기다린다

풍문 있는 옥상

해변도시 한 귀퉁이 섬이 떠 있다
생선 비린내 진동하고 물고기 등뼈 사이를
빠져나간 염분은 갯가에 쌓인다
파도냄새 나는 잘 가꾼 숲이 있고
멸치젓 새우젓 항아리 모여 있는 섬이 있다
빨랫줄에 허리 꺾인 푸석한 허물들이 바람에 날리고
햇볕에 졸아 살갗이 일어선 바닥에는
삭힌 멸치젓 냄새가 날린다
옥상 밑 새댁은 멸치젓 냄새를 밟아
신빌자국으로 풀어놓고

2층 노처녀가 집시라는 소문
3층 아저씨 맨날 새벽에 귀가한다는 풍문들을
우주선 같은 안테나가 주워 햇볕에 말린다
해류가 바뀌면 난파선 하나 떠내려 와
낯선 소문을 퍼뜨리고
노을 지면 밀려온 파도소리가
먼지 묻은 그늘을 깔고 앉는다
달 밝은 밤이면 3층 아저씨 가면이 두꺼워지고
섬에 사는 이들은 달이 지기 전
묵은 소문을 토해내려 옥상에 모인다

멸치

나는 가면 안 된다고 날뛰었다
옷이 벗겨지는 것도 모르고 퍼득였지
내가 반짝이고 네가 출렁여서 천생연분 인줄 알았는데
작은 거미줄에 갇혀 끌려 갈 때는 분해서 기절도 했다
나를 옭아맨 거미줄을 우렁찬 노래소리 속에 털었고
내 몸은 기회라고 외치며 허공을 향해 포물선을 그렸다
환호성을 지르며 날아간 바닥이 낯설고
여전히 몸끼리 부딪히며
나의 비명소리가 동료들의 아우성에 섞인다
다시 기절을 했었나 보다
짭쪼롬한 기척
가물가물 들리는 얼맙니까
잠시 후 내 몸에는 거칠지만 익숙한 맛이 스미고
빠르게 플라스틱 통속으로 들어간다
아마 나는 죽은 거 같다
들것에 실려 옮겨지고 굴속으로 들어가
뜨거운 여름을 삭힌다
뒤척일 때마다 파도소리 들으며 가까운 듯 아득한
동굴속에서 메르치 젖이 된다

사막의 꽃

잔인한 땅
내 어머니가 그 땅일지 모른다
태양을 입고 모래를 신은 나
긴 속눈썹 아래 황량한 눈
뜨거운 모래 속으로 코란이 걸어가고
너의 삶을 짊어진 내가 따라간다
앞서 간 이가 묻어둔 신의 계시는
망각이 되어 퍼실퍼실 날리고 무심한 눈에 비치는
굴러 다니는 태양과 사구는 나침반이 되고
바람이 그리는 낙서는
거칠고 무진 기억만 남아서 또 한 장의 지도가 된다

언제나 낯선 땅
낯익은 모래
모스부호 같은 되새김

모래에도 옹이가 있어 걸을 때마다 나의 등고선은 낮아지고
단정하게 시작했으나 너덜거리는 갈증으로
저물 녘 청춘이 스러진다

오늘이 수 없이 지나
사막에 꽃이 피거든
태양과 모래를 잘 이겨서
비어 있는 나의 등에 덮어 주오

보리밭

아버지 등에 보리가 자란다
얼굴에서 초록이 흔들리는 소리가 난다
늑골에 느껴지는 초록노래는
이삭이 여무는 몸부림이다
푸른 어깨가 휘도록 줄기에 매달리고
태양이 바람이 비가 이삭을 뜨개질한다
그믐달도 구름을 헤치고 한 땀씩 보태고

아버지 탈모가 보리밭에 상속되지 않도록
자신을 보리밭에 세워 놓는다
땀 더께가 두텁게 층을 쌓아가고
등이 초록으로 휘어질수록
왼쪽으로 기운 아버지가 울컥인다
잘 익은 보리가 아버지를 타작하고
상속되지 않은 보리밭은 봄이 익힌다

빵집 여자

맑은 날이다
갓 구운 빵이 활짝 웃는다
발효된 빵이 발갛게 익어가고
구수함이 허공을 간지럽힌다
코끼리가 걸어 간다
허공을 채운 구수함은 혀를 유혹하지만
창 너머 행인은 급한 늦가을 마냥 싸늘하다
근근이 이어가는 맛집 신화가 식어가고
빵집 여자의 흥행이 휘청인다
여자의 시름이 빵 쟁반에 얹혀 있다
들리지 않는 수런거림은 빵들의 두터운 걱정늘이다
가만히 있던 벽에서 잡초가 돋아난다

빵

총소리가 난다 영혼이 뚫린다
바람부는 냄새가 귓전을 훑는다
코끼리는 생각하지 말자
상한 우유냄새와 발효 안 된 밀가루가 날아 다닌다
휑한 빵집에 빵은 수북하고 먼지조차도 정열 되어 있다
멀겋게 눈을 뜨고 있는 빵들이 햇살에 기대어
버터향을 날린다
검은 비가 빵집 여자를 적시고 검은 빵들이 걸어 다닌다
그것은 조용하고 둥글다
닫힌 문 사이로 밀냄새가 나고 빵은 남고
여자는 먼 길을 떠난다

카페 유화

부인네들 강이 보이는 자리는 다 점령하고 있다
정희는 햇살이 먼저 와 앉았는 자리 위에 앉는다
입을 연 카페에서는 소소한 웃음소리에
커피향이 진하게 배어 있다
여인들 구두 굽이 꿀꺽대며 에티오피아를 마신다
물냄새로 길을 찾는 물고기
그 투명한 각질로 다가서는 희뿌연 기억들
손바닥보다 큰 몬스테라가 분위기를 띄우고
간간히 튀어나오는 잡지 못한
웃음소리는 허공에서 길을 잃는다
수근거림에 벽이 귀를 모으고 놀란 바리스타는
라떼에 그리던 하트를 찌그러뜨린다
정희는 흐르는 강을 따라 흐른다
여유로운 테이블 까페에 강의 둘레를 들어 앉히고

창 밖에서 울던 바람이 기억을 흔들고 있다

가면 쓴 여자

빨간 허세로 직립하는 가면에 익숙하다
얼굴은 두텁고 심장은 고장 난 시계처럼 멈춰져 있다
우는 얼굴 입을 삐죽이는 얼굴은 아무도 쳐다보지 않는다
눈만 가리다가 입도 가리고 종내 가면을 쓴다
얼굴을 기억하지 못하지만 나는 아직 살아있다

잠이 들면 가면은 벗겨지고 축축한 달빛에
가슴이 흘린 눈물을 씻는다
가면무도회의 무희가 되고 하루는 배추장수가 된다
목마름이 가득한 시든 얼굴이 가면을 쓴다
미로 같았던 이 길의 나는 배추장수와 무희가 되어
교회와 집 사이 구름과 별 사이를 걷는다
지난 일들을 지울 수는 없지만
바람이 불었다가 잠잠해지듯이
한참을 견뎌야 하는 세상에 누런 그 여자가 산다
뽀얗게 내린 먼지 사이로
유선 전화기가 구석으로 밀려 있고
멈춰진 심장이 꿈틀대는 거울속에
가면 쓴 여자가 살고 있다

화병

머리속에서 빨간 장미가 끓고 있다
아궁이에 불을 지피고 굴뚝에서는
연기 대신 새빨간 장미가 피어 오른다

아궁이 불은 언제 꺼질까

굴뚝이 터지진 않을까
머리를 뒤적거리고 가슴을 들쑤셔 숯이 된 숯덩이를 꺼낸다
그것들은 숯이 되어도 새빨갛다
빨간 수의를 걸치고 가뭄에 시달렸던 것들이
굴뚝위에 앉아 끓는 장미다발을 만든다

새벽부터 밤까지 밤부터 새벽까지

홧병의 병목에서 새빨간 불꽃이 타고 있다
새벽서리 같은 양배추 잎이라도 얹어 놓을까
굴뚝 옆에서 오래 서성였던 내가 마음 하나 두고 간다

홧병의 화병이 깨어지기를 바라는 마음을

엎어진 밥상

나란히 걷는 철길 같을 줄 알았다
제법 어울리는 파뿌리로
단칸방 좁은 부엌을 이고 나온 간이 맞지 않는 밥상은
늘 찡그리고 앉았다
압력밥솥 추가 튀어 오르면 눈냄새가 새어 나오고
밥상은 행간을 열고 비에 젖는다
묵정 밭 같은 밥상이 깨어지지 않도록
둥글게 말아보는 욕심도 내어 본다
그는 떫은 혓바닥을 밥상에 뱉어 낸다
말다툼이 저녁상을 닦으면 냉동실에서 꺼낸
아침상이 나가고 출근하는 등이 구부정하다

나귀가 밥상을 밟고 지나 간다

투덜대는 밥상위에는 꼭 기억해야
하는 반찬이 차려져 있다
젖은 밥상에 흉년이 이어지고
그릇에 작은 눈물들이 쟁여지고
저승 꽃 가득한 늙은 밥상이 엎어져 있다

꼬투리 배

허리 굽은 할머니 좁은 텃밭에
아무렇게 자란 푸성귀 옆구리가 부딪힌다
알알이 헐거운 꼬투리 아슬하게 걸려 있고
수시로 드나들며 살 찌우는
할머니의 포근한 음성이 있다
한 배를 탄 완두콩 부푸는 걸 이기지 못하고
완두콩이 범람한다

팔 없는 몸 풍장 되기 전
압력솥에서 흙 냄새 풀 냄새 버무린
풋풋한 향에 식탁이 살찐다
함께 자란 가지 상추 입맛을 돋우고
기꺼이 떠난 꼬투리에 물냄새를 심는다
꼬투리가 벗어놓은 완두콩 뒤꿈치가 시리다

열 여덟 살의 귀가

섬꽃축제 주차장은 추수가 끝난 논에
벼 대신 자동차들 나란하다

살찐 국화를 보며 내가 저기 있다는
친구는 국화를 닮아 있다
우리는 무언가 닮아 간다
겸손하게 옷을 벗고 선
등 굽은 가을을 담은 낡음을 따라간다
친구들은 열 여덟 살이다
열 여덟 살 친구를 만나 열 여덟 살 이야기를 한다
흑백사진 같은 열 여덟을 현상하고
모나미 볼펜과 파커 만년필이 필통에서 살을 부빈다
해는 여름보다 갈 길이 바쁘다
우리도 헌 옷으로 버려 두었던 귀가를 찾는다
떠다니는 웃음이 가라앉고 등을 보이는 집이 앞서 걷는다
집을 지키는 번호키로 돌아갈 시간이다
장목면 어귀에 안부를 펼쳐 놓고
정돈된 이부자리를 펼친다
열 여덟을 찾은 등 뒤로 해가 저문다

강 노래하다

갈비뼈가 드러난다
광대뼈가 드러나고 눈썹 밑이 꺼진다
바다를 물고 있는 강은 밀물과 썰물이
얼굴을 다르게 한다
입을 다물고 있는 강
넝마가 누워 있다

물고기가 밀물을 밀고 온다
입에 물고 밀고 밀며 자신도 밀려온다
강이 깨어난다
뛰어오르며 물살과 손뼉을 친다
노래를 시작하는 강
갈비뼈가 덮어지고 광대뼈에 물이 차오르자
입꼬리가 올라간다
물결과 장단 맞추는 물고기가 뛰어오른다
아가미가 부르는 노래에 강이 출렁인다
꽉 찬 강이다
강은 물살을 만들고 물살이 내는 소리를 듣는다
강이 햇살을 업는다
물고기가 유영하고 낮게 나는 왜기러기
강이 부르는 노래에 하늘을 받치고 섰다

갈대가 지키는 강
강이 부르는 노래를 듣는다

겨울강

지나쳐 온 겨울강은 몇 개인가

꽉 차 있으나 실은 비어 있는 강
겨울을 물고 철새들이 왔다

죽은 물고기의 시취에
마른 갈대가 하얗게 질려 있다
물결은 의미없이 왔다 간다
이 심심한 강에 청둥오리 왔다
밀물이든 썰물이든 마음 쓰지 않는다

빈 강의 주인은 양
꽉 찬 강의 주인인 양 경계를 풀어 놓는다
햇살을 붙드는 초록을 이고 있는
암놈은 벨벳을 채로 쳐 놓은 듯
윤기가 포슬거린다
물길 더듬는 청둥오리 부리가 바쁘다
암놈이 물 속으로 숨기라도 하면
곁을 지키는 숫놈 고갯짓이 바쁘다

겨울강은 입을 다물고
청둥오리 떼가 겨울을 부수고 있다

썰물

강이 옷을 벗는다
어긋난 척추가 무너져 있고
가라앉은 욕망이 썩고 구린내가 구겨져 있다
강가에 섰는 갈대가 돌아선다
옆구리에 숨겨둔 살진 눈물 하나
갈대 뒤에 숨는다
갈대와 한 통속인 바람이 분다
구린내가 퍼진다
모두 강 탓이라고 수군대고
강은 모르는 일이라고 도리 짓을 한다

젖은 소리가 강을 뛰어 넘는다
굴러온 돌이 속살이 되는
삶의 속도를 견디고 있다
햇살이 눈을 감고
숨어온 달 한 쪽 입꼬리가 올라간다

햇살 놀이터

야윈 개천에 청둥오리 겨울을 물고 오면
큰 강 지나쳐 혼수상태 개천을 깨운다
오리발이 걷기엔 물길 얕지만
큰 강인 듯 지나 온 안부를 푼다
삭막한 개울이 키를 세운 물 터로 변한다
부리가 쪼아대는 말들이 쏟아져
금세 북적대고 웅크린 개울이 기지개를 켠다
거대한 겨울을 잘게 부순다
잘게 부순 겨울을 어루만진다
지나가던 고양이 눈빛이 춥다
물길은 알 수 없어도 부리가 젖고 갈퀴가 젖고
하늘이 젖으니 놀이터다
종이배 같은 네가 기특해서 추위도 잊고 들여다본다
겨울 햇살을 개천으로 끌어당긴다
햇살을 등에 업은 고양이 느린 발자국만 남기고

나는 멀미가 날만큼 널 그리워한다

하얀 앞치마

앞치마가 주방 허리에 걸려 있다
친구가 걸어 두고 갔다
흰색이라 아끼지만
양념이 추상화를 그릴게 뻔하다
앞치마에 나물을 무칠 것이고
고기를 굽게 될 것이다
씻어도 깊숙이 흔적을 남긴다
그 전에 앞치마는 주방 허리에서 꼼짝도 안 한다

저 허리 언제 꺾어지나

나를 두를 수 있냐고
도도하게 콧대를 세우고 있다
굴러온 돌이 박힌 돌을 몰아 낸다고
터줏대감인 내 가전들이 눈치를 본다
냉장고는 숨을 죽이기도 하고
밥솥은 밥이 설 익기도 한다
앞치마가 내 주방에 입장하던 날부터 상전이 되었다
내 주방에서 비주류로 살아가는 나를 동정한다

오늘은 앞치마에 삼겹살을 구어야겠다

우왕부절

산책하던 강아지 배변하는 곳이다
파리떼 체위를 바꾸며 굴러본다
지들끼리 부딪혀 우왕거리다가
사람 어깨에 묻혀 엘리베이터를 탄다
저도 이 아파트 몇 층쯤 거주한다고 생각했을까
승강기 안은 녀석이 날기엔 턱없이 좁다
이리저리 날뛰니 날갯짓도 승강기 늙어가는 소리도
소음이 되고 흔적은 얼룩으로 남는다
승강기 간지럽다고 움찔거리고
동승한 두 사내 심기가 꼬인다
고 녀석 앉으면 잡으려고 벼르다
들고 있던 신문지로 쳤는데 놓쳤다
놀란 파리 우왕좌왕 사람이고 벽이고 할 것 없이
강아지 체취 묻은 굽은 발을 내밀다가 다시 난다
사내 둘 잡으려고 부산하다
사람 안절부절이 파리에게 전염된다
사내 둘 조용하다
팔층에서 한 사내 내리는데
남은 사내 파리가 내리지 못하도록 막는다
얼마 후 좁고 어두운 곳에 감금당한다
승강기가 삐드득거린다

환풍기

집에 팔랑개비 하나 달고 산다
꾹꾹 눌러 쌓은 상자들 숨통은 환풍기다
23층 아이 울음소리가 일층 환풍기에서는
눈물 맛이 나고
나눠 가진 눈물 맛에는 소리가 베여 있다
겨울바람이 새어 들어와 환풍기 마다 바람냄새가 나고

봄에 나눠 가진 달콤한 냄새에 봄은 없다
누런 소리가 나는 그 속에서 기다란 이야기 하나 자라고
성가신 속앓이를 키운다
빗방울 몇 마디 뛰어든 환풍기에서 비 냄새 대신
빗소리를 보여준다
삐걱이는 냄새도 베여 있고 속박된 영혼이
평화를 찾으려 환풍기가 입을 모은다
어쩌면 우리 꼬리를 숨겨 놓은 곳일 수 있다
아무도 모르는 우리의 꼬리를

꽃 뼈다귀

며칠 전 개업한 점포다
뼈대만 남은 화환 나란히 세 개 있다
한 때는 핏줄이 다른 꽃들로 반짝거렸다
갈비뼈 사이 귀 앞뒤로 꽂혀 있었다
잠시 내린 비가 얼굴을 적셨다
사람들이 빼 가고 바람이 말리고
시든 꽃 몇 송이와 뼈대만이 남루하게 서 있다
한 때는 꽃 대궐이었다
옆에는 바람 넣은 인형이 손짓으로 모두를 불렀지
화환이 풍악을 울려 사람들을 모았어
꽃이 주인공이었다가
지금은 너보다 빨리 늙어 가고 있다
듬성듬성 탈모증이 화환 머리끝에 걸려 있다
눈치 없이 뼈대는 강건하여 쓰레기통은 꺼리고
구석에서 더 구석으로 밀려 난다
백 번 양보해도 나에게 어울리는 퇴장은 아니지만
탈모가 앉고 화장이 무너지면 겸손이 앞장 선다
뼈다귀 냄새 대신 핏줄이 다른 꽃 향 베어 있는데
꽃집 아저씨 아무렇게 던져 트럭에 싣고 간다

기대

늘어진 그림자 위에 앉은 이방인
후끈한 바람이 눈치를 본다
핸드폰 거친 숨소리에
커지는 기대는 손보다 빠르다
들어둔 암보험이 있어도 보장받는다는 광고전화
약속하지 않은 핸드폰은 자꾸 얼굴을 치켜든다
이방인의 헛소문은 먼지처럼 떠돌고
가슴엔 눅눅한 바람만 맴돈다
가족 속에서도 메마른 고독은
끈적이는 감정보다 순결하고
채워지지 않는 위로가 질척이며 엉겨 붙는다
어깨를 토닥이는 냉정한 친절 위에
낯선 내가 앉아 있고
어지러운 마음은 과부화가 걸린다
터진 매매소리는 굵은 주름 가득한 심장에 박혀
또 다른 기다림을 거름으로 삭히고

늘어진 오늘이 지나고
태양을 가렸던 구름 비켜 서면
생기 있는 핸드폰 숨소리에
얇은 기대 두툼하게 만들어
세상으로 나오라고 손짓한다

가시의 배후

너를 빛내는 것은 눈동자인가
햇살 속 날카로운 털인가
엎드린 표정대신 눈동자가 말 한다
숨긴 발톱에 실금이 가고
바라본 곳이 서천이었을 뿐
계수나무 그늘만큼이나 깊숙하다
아무도 기억하지 않는
눈빛에 구부러진 샛강이 흘러 들고
눈동자를 갈아 끼우고 오물거리는 조소를 보낸다

유독
가시가 많은 날이 있다
사과를 해야 하나
네 가시의 배후 따위는 없는데
서툴게 껴안다 찔리기 일쑤다
튕겨 나올 듯한 눈빛에
빛나는 보석이 담겨 있는 네 눈동자에 건배를

할미꽃 모란꽃 해당화 피다

삼인삼색

초판1쇄 발행 2024년 12월 10일

지은이 조경희 허성숙 구자옥
펴낸이 이길안
펴낸곳 세종출판사

주소 부산광역시 중구 흑교로 71번길 12 (보수동2가)
전화 051－463－5898, 253－2213~5
팩스 051－248－4880
전자우편 sjpl5898@daum.net
출판등록 제02-01-96

ISBN 979-11-5979-733-0 03810

정가 13,000원